AF331388

DISCOURS

PRONONCÉ au Temple de l'Être-Suprême, par le Commissaire du Pouvoir-Exécutif près l'Administration Municipale du Neuvieme Arrondissement du Canton de Paris,

A la Fête de la Souveraineté du Peuple, le 30 Ventôse an 7.

CITOYENS,

DEMAIN, le Peuple, par un acte immédiat de sa souveraineté, va nommer ses Représentans et ses Magistrats; il va consolider son bonheur et sa gloire, s'il dirige ses suffrages vers la probité, les talens et le civisme.

Le moyen d'anéantir les ennemis de la République, dépend de la sagesse que nous apporterons dans les choix que nous allons faire dans les assemblées primaires qui vont s'ouvrir ; de là dépend notre tranquilité, notre bonheur, la régénération du commerce, en un mot, la paix de l'univers.

La fête que nous célébrons aujourd'hui, nous dit, nous indique et nous commande impérieusement de nous dépouiller du fatal égoïsme dans lequel nous sommes tombés les années précédentes ; cette fête, en un mot, instituée afin de nous faire connoître toute l'étendue de nos droits et de nos devoirs, nous indique aussi combien nous devons apporter de zèle, d'assiduité et de discernement dans le choix de nos Législateurs et de nos Magistrats ; notre devoir est tellement obligatoire, que nul de nous ne peut, sans se rendre coupable de l'inertie la plus funeste, se dispenser de coopérer à l'acte le plus sacré qui émane de la souveraineté du peuple, et que la Charte Constitutionnelle a si formellement consacré. Vous vous pénétrerez, Citoyens, de l'importance des fonctions que vous êtes appellés à exercer. Vos destinées et celles de la République sont dans vos mains. Vous pouvez hâter l'époque où les ennemis de la République abjureront leurs projets insensés ; vous pouvez les forcer à éteindre l'incendie qui dévore l'Europe depuis dix ans : ils se flattent en vain de ramener parmi nous les divisions intestines, à reporter au gouvernail du vaisseau de l'état le nautonnier infidele ou ignorant, afin de profiter de son inertie ou de sa cupidité, pour anéantir l'esprit d'ordre, sans lequel tout état court à sa dissolution.

Nous ne pouvons nous le dissimuler, Citoyens, et l'expérience du passé nous en est un sûr garant, l'étranger ne nous perd point de vue, il épie toutes nos démarches et nos actions, il profite des plus petites circonstances pour déchaîner contre nous les fureurs du royalisme et de l'anarchie, suivant qu'il lui paroît plus ou moins avantageux pour ses propres intérêts.

Vous êtes instruits par l'expérience du passé ; c'est à vous qu'il appartient, Citoyens, de vous garantir de ces nouvelles embûches ; c'est à vous seuls qu'il appartient de préserver la République du danger qui l'a tant de fois menacé. Vous ne pouvez, sans commettre le crime de l'èze-patrie, laisser errer à la merci d'un petit nombre de factieux, vos plus chers intérêts : montrez - vous digne d'un peuple qui a su recouvrer ses droits et qui veut les conserver ; montrez-vous sages, mais énergiques ; ne confondez point les hommes sur les dénominations vagues que la fureur des partis a enfanté tour-à-tour ; jugez-les par leurs discours, et sur-tout par leurs actions ; discernez l'homme qui s'est tenu à l'écart des partis et qui a traversé la révolution sans mériter de reproches ; suivez-le dans ses vertus domestiques, et vous jugerez facilement de celles qu'il apporteroit dans les affaires publiques qui lui seroient confiées.

Prenez-garde, Citoyens, aux suggestions perfides qui émanent des passions, tenez vous en garde contre cette calamité publique , sur laquelle tous les vrais amis de la liberté ont gémi ; reprenez votre courage, faites de bons choix, et ce ne sera qu'à ce prix que vous enchaînerez , pour toujours, le monstre politique qui cherche à vous ravir une liberté qui a tant coûté au Peuple Français.

Les ennemis de la République seront encore déçus de leurs espérances ; l'or du despote de Londres sera répandu en vain : de la sagesse des choix, naîtra le bonheur et la gloire de notre patrie ; ce sol fortuné et protégé par la nature, deviendra la terre de la prospérité et de la fécondité publique.

Demain tous les enfans de la grande nation vont se réunir dans leurs communes respectives , ils vont tous se rallier près l'autel de la patrie , ils se pénétreront sans doute du saint amour qu'ils lui doivent et de l'intérêt qu'ils ont à conserver la Constitution.

Pour anéantir l'affluence anglaise, éteindre les opinions différentes, glacer toutes factions, étouffer l'esprit royaliste et la fureur de l'anarchiste, tous les Citoyens vont se serrer autour du pacte social; là, ils déposeront tous les ressentimens du passé; ils abjureront l'erreur dans laquelle le perfide anglais les a fait succomber, et n'envisageant que la félicité publique, ils ne formeront plus qu'une seule et même famille, et tous animés du même esprit, ne tendront qu'au même but, le bonheur commun.

Le vrai Républicain, dans cet acte de sa souveraineté, doit examiner avec attention les qualités que doivent avoir

les personnes sur lesquelles il veut porter son choix ; il doit se prémunir contre
les dangers de la précipitation et de la
séduction ; il ne doit point oublier les
leçons du passé, en se faisant un rempart
de l'expérience ; sur-tout il ne doit point
perdre de vues les dangers auxquels de
mauvaises élections peuvent exposer la
patrie ; il doit au contraire se mettre en
garde contre le perfide anglais qui se
flatte toujours de ranimer nos divisions
intestines, et qui déjà fabrique de la
fausse monnoie pour payer ses dupes et
ses complices.

Sachez donc, Citoyens, que votre vie
et vos propriétés sont attachés au main-
tien de la Constitution de l'an trois, et
que vous ne conserverez l'un et l'autre
qu'en vous rendant aux assemblées primaires pour y exercer vos droits poli-

tiques. S'il est de mon devoir, par la confiance dont m'honore le Gouvernement, de vous faire toutes ces observations, il est bien doux pour moi de m'adresser à des Citoyens qui depuis vingt ans m'ont vus le contemporain de leur sollicitude et de leur estime.

Je ne puis m'arrêter encore, et je demande quelques momens de votre attention, pour développer quelques idées que l'amour de ma patrie m'inspire et m'oblige de vous mettre sous les yeux.

Vous vous rappellerez facilement, Citoyens, que depuis plusieurs années le vaisseau de l'état a flotté à travers différens écueils, et que sans l'énergie du Gouvernement, il eût infailliblement fait naufrage. Vous avez reconnu facilement depuis, la main invisible qui conduisoit l'arche sacrée vers le rocher où elle devoit se briser ; il faut donc nous réunir tous , *pour faire un rempart de notre corps au pacte social qui nous a fermé l'ouverture des tombeaux en anéantissant les bourreaux qui nous y précipitoient tour-à-tour.* Plusieurs fois, par votre inertie , vous avez compromis vos personnes et vos propriétés , parce que vous avez fait de mauvais choix ; mais graces aux mesures sages qui ont écartés ces élus , fruits de l'intrigue et de la violence , vous avez joui de la tranquilité depuis un an ; vos personnes et vos propriétés ont été respectées , et les habitans du département de la Seine ne peuvent citer dans les fastes de la Révolution, une année où la tranquilité publique ait été maintenue aussi constamment. Si le commerce a peu profité de cet état de félicité, ce n'est pas qu'il n'ait été spécialement protégé du Gouvernement ; mais cet état de stagnation ne peut être attribué qu'à l'effet de la guerre , et vous connoissez tous combien le Directoire-Exécutif a désiré la terminer avec toute la gloire qui convient à la grande nation.

Vous n'ignorez sûrement pas, Citoyens, que la politique et l'astuce du cabinet Britannique se rafine tous les jours pour nous épuiser par des réactions , que ses emissaires ont chacun leur rôle ; les uns chercheront à éloigner des assemblées primaires les bons Citoyens qui voudront s'y rendre avec des intentions pures et vraiment républicaines ; les autres fomentront pour faire arriver leurs créatures dans le sein du sénat , afin d'y porter la désorganisation et la confusion , *d'où il faut toujours conclure , que de la sagesse des choix, dépend le salut de la Patrie.* On ne peut trop vous prémunir, Citoyens, sur les projets attroces du cabinet perfide d'Angleterre, qui, semblable à un vautour prêt à s'élancer indistinctement sur les cadavres des bourreaux qu'il soudoye, et des victimes qu'il fait immoler, voudroit faire de la France un vaste cimetière. *Guerre au gouvernement anglais!* Ce cri doit être celui des amis de la Patrie. C'est à ce féroce ennemi que nous devons livrer une guerre terrible, guerre que nous avons jusqu'à ce jour soutenue avec tant d'éclat, et dans laquelle nos défenseurs ont moissonnés tant de lauriers. Les perfidies de cette nouvelle Carthage nous forçent à nous armer de nouveau contre cette coalition suggérée par elle; la haine de ces tyrans coalisés contre notre liberté, va réveiller notre horreur contre eux, et bientôt nos défenseurs intrépides nous dirons : Carthage et ses complices n'existent plus.

Pour parvenir à ce résultat heureux, il ne suffit point, Citoyens, d'abattre les trônes des despotes couronnés; il ne suffit point de porter loin de nous le triomphe et la valeur, il faut encore que nous sachions comprimer l'influence de ces émissaires, que salarie, à grand frais, l'infâme cabinet de Saint-James. Il faut, sous tels masques qu'ils se cachent, découvrir ces instrumens de la perfidie Britannique, et que d'une voix unanime nous jurions une guerre éternelle à cet infâme gouvernement et à ses agens. Qu'un saint enthousiasme pour la liberté, qu'un sincère desir de voir terminer à l'extérieur ces luttes affligentes, nous portent à une sincère conciliation ; que le royaliste et l'anarchiste abjurent leurs erreurs, qu'ils apprennent enfin que leurs prétentions sont plus que chimériques, et que telles routes tortueuses qu'ils prennent pour arriver à leurs desseins perfides, l'énergie républicaine saura les comprimer et les réduire à l'impuissance.

Ne perdez jamais de vue, Citoyens, cet article sacré de notre Loi fondamentale : « Que c'est de la sagesse des choix » dans les assemblées primaires et élec- « torales, que dépendent principalement » la durée, la conservation et la pros- » périté de la République. » En vous pénétrant de ce principe, vous serez le rempart et les protecteurs de la Constitution, les conservateurs de vos personnes et de vos propriétés. Ne prêtez point l'oreille aux discours perfides des

ennemis de la Constitution de l'an trois ;
ceux-là, à coup sûr, sont les apôtres du
code anarchique de 93, vous les dis-
tinguerez facilement à leur langage ; ils
vous diront : *N'allez point aux assemblées, car il y aura du bruit.* A ce
signal, reconnoissez l'Anglais, et ne
perdez point de tems, courez exercer
vos droits politiques.

Citoyens, il en est tems encore,
cessez de vous trahir vous mêmes, n'a-
bandonnez point à une poignée de bri-
gands le triomphe de votre gloire ; écartez
loin de vous ce sentiment de frayeur
que l'anarchiste voudroit vous inspirer ;
montrez-vous avec cette énergie qui
caractérise l'homme de bien, l'homme
vertueux, et par conséquent, l'ami de
sa Patrie et des Lois. Se pourroit-il
que le Peuple Français, la Nation la

plus brave, la plus magnanime et la plus généreuse, reste dans l'apathie et l'abandon de soi-même, en présence de quelques hommes qui ne se sont distingués que par des bassesses? Montrez-vous, Citoyens, dignes du nom Français!

N'oubliez pas que le sort de vos premiers Magistrats est lié au vôtre, et qu'ils sauront mourir, s'il le faut, en défendant vos droits.

N'ayons donc qu'un seul esprit, qu'une même volonté, réunissons-nous spontanément, et crions tous ensemble: *Plus d'anarchie en France! Vive la République! Vive la Constitution de l'an trois.*

TAINE,

Commissaire du Pouvoir-Exécutif.

A PARIS. De l'Imprimerie de MILLET, Rue de la Tixéranderie, n°. 17.